Herzensnachrichten

Ein Lob auf die Freundschaft

GEMEINSAM

Ohne Freundschaft
wär das Leben
eintönig und einsam.

So viel schöner
geht es sich
den Lebensweg
gemeinsam!

Anna Tomczyk

Gemeinsam

Weil du mich Freund
beschenkst mit dir,
so dank ich billig dir mit mir;
nimm hin deswegen mich für dich,
ich sei dir du,
sei du mir ich.

Friedrich von Logau

Stärker

FREUNDSCHAFT MACHT STARK!

Wie reich bin ich, wenn ich Freundschaft leben darf. Gebündelte Kräfte sind viel stärker als die Summe unserer einzelnen Fähigkeiten. So kann gerade in der Freundschaft das geschehen, was passiert, wenn man einen Stein in einen stillen See wirft – er zieht Kreise. Diese Kreise berühren das Leben anderer und können auch ihnen schöne Momente schenken. So wird aus Nebeneinander ein Miteinander.
Ja, Freundschaft ist ansteckend!

Maria Sassin

FREUNDSCHAFT

Der Sonnenstunden
schönsten Stoff teilen,
aber auch die Schatten
zusammennähen,
dicht an dicht
mit wechselfarbigem Faden
und einander
immer wieder
ein Stückchen Himmel
freihalten
über dem Hier und Heute

Isabella Schneider

EIN HERZ LAVIERT NICHT

Ich nenne keine Freundschaft heiß,
Die niemals, wenn's ihr unbequem,
Den Freund zu überraschen weiß
Trotzdem.

Denn wenn sie Zeit und Mühe scheut,
Ein Unverhofft zu bringen,
Das einen Freund unendlich freut,
Dann hat sie keine Schwingen.

Den Umfang einer Wolke misst
Kein Mensch. Weil sie nicht rastet,
Noch ihre Freiheit je vergisst. –
Ich glaube: Keine Wolke ist
Mit Arbeit überlastet.

Joachim Ringelnatz

Nähe

Du wohnst weit entfernt
Doch trotzdem
Bin ich dir nah
In Gedanken verbunden
Oder mit einem Telefonanruf ...

So kann es klappen
Eine Brücke zu bauen
Über viele Kilometer und Zeiten
In denen wir uns nicht sehen
Jeder Gedanke ein Pfeiler ...

Doris Wohlfarth

DER SCHATZ

Freundschaft ist oft
Mehr Schweigen als Reden
Mehr Zuhören als Rat geben
Mehr Vertrauen als Zweifeln
Mehr Fragen als Wissen
Mehr Handeln als Versprechen
Findest du einen, der dies kann
Hast du einen Schatz entdeckt

Doris Bewernitz

HERZUMARMT

Mit dem Herzen umarmen,
einander zart halten,
trösten und begleiten,
wo Arme nicht hinreichen.

Mit dem Herzen umarmen,
Herz-zu-Herz-Worte fließen lassen,
Halt geben, ohne einzuengen,
wo Liebe eine Sprache findet.

Mit dem Herzen umarmen,
tiefe Solidarität zeigen
über alle Grenzen hinweg,
wo Herzensnähe Leben schenkt.

Maria Sassin

DU BIST EIN GESCHENK

Wenn mir das Leben ein Bein stellt,
reichst du mir deine Hände.
Wenn mir Hören und Sehen vergehen,
bist du ganz Ohr und traust meinen Augen.
Wenn ich weder aus noch ein weiß,
erzählst du mir das Blaue vom Himmel.
Wenn ich Bretter vor dem Kopf habe,
baust du daraus einen Tisch für zwei.
Wenn ich mir selbst Feind bin,
kommst du zu Friedensgesprächen.
Wenn ich kein Land mehr sehe,
reichst du mir dein Fernglas.

Danke für deine Freundschaft!

Cornelia Elke Schray

Geschenk

SO EINE FREUNDSCHAFT

wir halten einander
an den Händen
mehr braucht es nicht

Eva-Maria Leiber

Herznah

VON HERZ ZU HERZ

Von Herz zu Herz ein Lächeln schicken.
Von Herz zu Herz sich feste drücken.
Von Herz zu Herz den anderen sehen.
Und so zusammen weitergehen.

Sabine Moosmann

AUF DIE FREUNDSCHAFT!

Wenn du da bist,
erübrigt sich meine Angst.
Mit einem Lächeln
erledigst du das,
was mir schwer fällt.
Gelassen hilfst du
im Hintergrund.

Lass mich wissen,
wenn du mich brauchst.
Und bis dahin wollen wir
gelegentlich anstoßen:

Auf die Freundschaft!

Tina Willms

AN DEN ANDERN

Ich hatte mich im Hochgebirg verstiegen.
Die Felsenwelt um mich, sie war wohl schön;
doch konnt ich keinen Ausgang mir ersiegen,
noch einen Aufgang nach den lichten Höhn.

Da traf ich dich, in ärgster Not: den Andern!
Mit dir vereint gewann ich frischen Mut.
Von neuem hob ich an, mit dir, zu wandern,
und siehe da: Das Schicksal war uns gut.

Wir fanden einen Pfad, der klar und einsam
empor sich zog, bis, wo ein Tempel stand.
Der Steg war steil, doch wagten wir's
gemeinsam ...
und heut noch helfen wir uns, Hand in Hand.

Mag sein, wir stehn an unsres Lebens Ende
noch unterm Ziel – genug, der Weg ist klar!
Dass wir uns trafen, war die große Wende.
Aus zwei Verirrten ward ein wissend Paar.

Christian Morgenstern

WERTVOLL

Im Grunde sind es doch die Verbindungen
mit Menschen,
die dem Leben seinen Wert geben.

Wilhelm von Humboldt

Herberge

Was passt, das muss sich runden,
Was sich versteht, sich finden,
Was gut ist, sich verbinden,
Was liebt, zusammen sein.
Was hindert, muss entweichen,
Was krumm ist, muss sich gleichen,
Was fern ist, sich erreichen,
Was keimt, das muss gedeihn.

Gib traulich mir die Hände,
Sei Bruder mir, und wende
Den Blick, vor Deinem Ende,
Nicht wieder weg von mir.
Ein Tempel, wo wir knien,
Ein Ort, wohin wir ziehen,
Ein Glück, für das wir glühen,
Ein Himmel mir und dir.

Novalis

HERZ-HERBERGE

Komm rein
heißt dein Blick,
immerzu
sagt dein Lächeln,
wir haben Zeit und Tee genug
Und dann darf ich
meine Gedanken alle
bei dir unterstellen
ungeschönt
und vom Leben zerzaust –
für ein warmes
wohliges Weilchen

Isabella Schneider

ICH DANKE, DIR MEINE FREUNDIN!

Du hast mich gelehrt,
mit dem Herzen zu denken,
durch dich kann ich mich an die Welt
verschenken.

Du hast im Dunkelabgrund
noch an uns geglaubt,
als das Leben mal dir mal mir
den Schlaf geraubt.

Du hast dich der Last
des Nichtvergehenden gestellt
und ganz nebenbei das größte Erdbeereis
bestellt.

Du hast dein Denken und Fühlen
mit mir geteilt
und mir nichts, dir nichts,
einen Urverlust geheilt.

Du hast mir gezeigt, was Weisheit,
Vertrauen und Liebe ist,
ich danke dir, dass du meine Freundin bist.

Cornelia Elke Schray

Begegnung

Der Mensch lebt notwendig
in einer Begegnung mit anderen Menschen,
und ihm wird mit dieser Begegnung in einer
je verschiedenen Form eine Verantwortung
für den anderen Menschen auferlegt.

Dietrich Bonhoeffer

Mit Texten von:
Doris Bewernitz: S. 8 © bei der Autorin. **Dietrich Bonhoeffer**: S. 19, aus: ders., Ethik, DBW Band 6, Seite 219. **Wilhelm von Humboldt** (1776–1835): S. 15. **Eva-Maria Leiber**: S. 11 © bei der Autorin. **Friedrich von Logau** (1605–1655): S. 3. **Sabine Moosmann**: S. 12 © bei der Autorin. **Christian Morgenstern** (1871–1914): S. 14. **Novalis** (1772–1801): S. 16. **Joachim Ringelnatz** (1883–1934): S. 6. **Maria Sassin**: S. 4, 9 © bei der Autorin. **Isabella Schneider**: S. 5, 17 © bei der Autorin. **Cornelia Elke Schray**: S. 10, 18 © bei der Autorin. **Anna Tomczyk**: S. 2 © bei der Autorin. **Tina Willms**: S. 13 © bei der Autorin. **Doris Wohlfarth**: S. 7 © bei der Autorin.

Alle Rechte vorbehalten
© 2024 Verlag am Eschbach
Verlagsgruppe Patmos
in der Schwabenverlag AG, Ostfildern
Im Alten Rathaus/Hauptstraße 37
D-79427 Eschbach/Markgräflerland

www.verlag-am-eschbach.de

Textredaktion: Kathrin Clausing, Verlag am Eschbach
Gestaltung und Satz: Angelika Kraut, Verlag am Eschbach
Einbandmotiv: shutterstock / Natalya Alexandrou
Kalligrafie: Ulli Wunsch, Wehr
Druck: C. Maurer GmbH & Co. KG, Geislingen/Steige
Hergestellt in Deutschland
ISBN 978-3-98700-079-9

Gedruckt auf FSC®-zertifizierten Materialien
Näheres zur Nachhaltigkeitsstrategie der Verlagsgruppe Patmos auf unserer Website www.verlagsgruppe-patmos.de/nachhaltig-gut-leben

Dieser Baum steht für Erhaltung unserer natürlichen Lebensgrundlagen: klimaneutrale Produktion, umweltschonende Ressourcenverwendung und nachhaltige Herstellung. Individuell und mit Liebe gemacht.